Jacobo García-Germán

Prácticas documentalistas
Técnicas y genealogías

Ensayos Críticos
04

Documentalistas

Entendamos como prácticas documentalistas a aquellos arquitectos (también artistas u otros productores de cultura material) cuyas formas de trabajo y resultados se alejan de la invención, la originalidad o la novedad como objetivos para operar, en cambio, desde la consciente reelaboración de antecedentes, reconocibles y presentes en la realidad y en su propia disciplina como punto de partida.

Se puede denominar documentalistas a estas prácticas (entendiendo como 'prácticas' tanto a los arquitectos como a las acciones ejercidas por estos) en la medida en la que el manejo de un material de referencia prexistente y una información compleja previa —su análisis, manipulación, interpretación y reensamblaje— componen un proceso que se considera proyecto en sí mismo. Activando procedimientos que la contemporaneidad y sus realidades —los medios tecnológicos disponibles, el acceso a la información, la urgencia o los protocolos de trabajo, entre otros— estas prácticas han traído a un primer plano de relevancia para el arquitecto actual, frente a otros rasgos tradicionalmente valorados como la singularidad de la arquitectura, su componente artística o la recurrencia a paradigmas técnicos o formales prefijados como legitimación.

Frente a aquellas posiciones paradigmáticas[1] y de residuo 'moderno' que defienden una justificación de la arquitectura desde el cumplimento de los principios marcados por determinadas líneas de pensamiento, criterios y valores estables en su coherencia interna, una práctica documentalista invierte el recorrido de su justificación cultural: no se trata de producir una arquitectura que se pueda adscribir a alguna de las ideologías que arman gran parte de la producción actual (participación, reciclaje, género, ecología, experimentación digital, cultura pop…), sino que se trabaja de forma directa sobre un material encontrado o elegido que incita a su reelaboración, variación e incorporación. Un proceso en el que el trabajo producido no sólo se aleja de cualquier tipo de ejemplaridad o condición finalista, sino que, participando selectivamente del empleo de herramientas destiladas de diferentes genealogías prexistentes, se instala en un doble recorrido, a medio camino entre modesto y oportunista. Una nueva modestia que pretendería acercar sus procesos y sus resultados a un entendimiento más didáctico, colectivo y común de la arquitectura.

Trabajando sobre los flecos de una ingente herencia disciplinar disponible, sobre la que los instrumentos de proyecto actuales han producido simultáneamente una mayor accesibilidad y capacidad de manipulación, tanto como una atrevida desenvoltura en su empleo (las más de las veces dirigida desde técnicas de copia, reproducción, postproducción, etc.), y estableciendo un roce entre estas herramientas y las condiciones singulares de la realidad existente, la práctica documentalista reconoce así un terreno fértil y de suficiente complejidad de partida en el manejo creativo de este solape. Instrumentalizando los cuerpos de conocimiento en permanente desarrollo asociados a familias paradigmáticas a su favor, los aleja de la especulación teórica utilizándolos desprejuiciadamente sobre casos específicos.

El trabajo documentalista implica el desarrollo de habilidades de observación, elección de objetivos y referencias y, en general, una labor selectiva de decantación que se superpone a la de producción de forma no lineal. Habilidades también para organizar secuencialmente la información y producir narrativas coherentes y trasmisibles. La riqueza y complejidad en el desarrollo de estas fases, en las que se convocan diferentes instrumentos del arquitecto, antiguos y actuales, en las que la observación atenta se torna proposición en caminos de ida y vuelta, y en las que la aproximación personal y singular del autor se cruza con protocolos aprehendidos, se querría proponer aquí como algo poseedor de carga didáctica. Ya que por encima del aprendizaje presupuesto de determinadas «maneras», estilos, recursos o soluciones que van dando forma al cuerpo estable del conocimiento en arquitectura, es necesario instruir en el cuestionamiento crítico de cualquier tendencia hacia el automatismo, para poder moverse con agilidad atravesando el pentagrama rígido de los sistemas paradigmáticos estables, trazando un 'unir los puntos' que aproximaciones como las aquí llamadas documentalistas puedan facilitar.

Este planteamiento sugiere una enseñanza de la arquitectura que se querría defender como alternativa a la de las verdades estables de lo paradigmático, acercamiento si se quiere más estratégico, individual y ensayístico, y también más incierto y variable, en su necesidad de redefinir las armas para cada caso: aproximaciones en las que alumno y profesor se embarcan en una indagación común en la cual se prefijan de antemano, con las limitaciones y oportunidades que esto produce, unos protocolos de actuación y unas referencias especificadas que hacen de cada proyecto o ensayo una prueba tentativa y una sección cualquiera dentro de una serie de variaciones sobre temas.

Producir arquitectura desde una posición documentalista, tal y como aquí se propone, se escora hacia unas determinadas preferencias estéticas o, al menos, se aleja naturalmente de otras. Así como el instrumento documentalista por excelencia quizás sea la fotografía (compatible con el protagonismo del dibujo o la preeminencia del collage antirrealista), los mecanismos y temas propios del medio fotográfico (la reproducción, la serie, la pérdida de importancia del caso singular, el anonimato, lo cotidiano) han llevado a producir una arquitectura guiada por una tendencia hacia las variaciones sobre casos y la vocación de cualquier proyecto u obra de pertenencia a un marco de referencia mayor, estableciendo continuidades y diálogos a través del tiempo, el espacio y la cultura.

La vigencia de este planeamiento se justifica a partir de múltiples realidades de la actualidad. Las que sugieren la pertinencia de una aproximación documentalista a la luz de la saturación de información en el mundo contemporáneo, de acceso instantáneo y de disponibilidad en tiempo real, lo cual obliga como primera habilidad al manejo clínico y selectivo de esta información como paso inicial a la hora de producir. Las que entienden el trabajo creativo del ser humano como una necesaria posición crítica frente a los vertiginosos y nocivos ritmos de vida de los regímenes post-capitalistas del 24/7. Las que, suspicaces de la aplicación «recetaria» en arquitectura de fórmulas recurrentes, encuentran en la disponibilidad de las técnicas de proyecto e ideas heredadas en arquitectura una renovada libertad adquirida, en un entendimiento ampliado de lo que pudo despectivamente llamarse eclecticismo en el pasado, hoy día no restringido a la combinación de estilos y lenguajes, y cercano aún al origen etimológico del término, derivado del griego *eklego*: escoger. Las que reclaman la habilidad del arquitecto para solapar análisis y producción como proceso simultáneo y como defensa de la capacidad única del arquitecto (frente al diseñador, el interiorista, el ingeniero u otros técnicos) de ofrecer una inteligencia específica desde el manejo complejo de esta simultaneidad.[2] Las que no se resignan a operar en arquitectura desde una ingenua negación del pasado y una ciega vocación de novedad, en su tiránica exigencia, sino que reconocen la línea alternativa del trabajo artístico como algo necesariamente ligado a una permanente tensión entre individualismo y tradición.[3]

De algunos de los mecanismos específicos de aprendizaje y de trabajo para el arquitecto derivados de estas preocupaciones se ocupa esta propuesta, desde la hipótesis de que se trata de mecanismos tan pertinentes para la contemporaneidad como atávicos en la disciplina. Tan susceptibles de una mirada renovada y operativa, útil para el arquitecto, como capaces de re-describir pasados que reverdecen ante nuestros ojos haciendo del trabajo arquitectónico un estimulante presente continuo.

Latentes en este conjunto de preocupaciones residen quizás las preguntas más relevantes: ¿cómo negociamos propositivamente y con una mirada proyectiva la presencia del pasado en la producción de arquitectura hoy? ¿De qué instrumentos disponemos para trasformar esta negociación en el sustrato de una educación para los arquitectos del futuro?

Archivos

El término 'archivo' ha infiltrado discursos contemporáneos en diferentes disciplinas, pero ¿qué relevancia y utilidad puede tener este concepto a la hora de trabajar en arquitectura? ¿Qué hace del concepto 'archivo' algo tan recurrente, pero al mismo tiempo tan impreciso? Si la arquitectura siempre ha estado inevitablemente ligada a la interpretación de su propio pasado, ¿qué tiene de específico el momento actual, en el que se invoca el término archivo como si de un programa en sí mismo se tratara?

Los procedimientos de trabajo acumulativo, selectivo, organizativo y clasificatorio que suponen un cambio de intereses frente a los procesos de novedad, ruptura y experimentación que proponían las vanguardias históricas se manifiestan como síntoma de la revisión crítica de la modernidad ya desde el periodo de postguerra durante los años cincuenta del siglo XX. El linaje artístico que aglutina esta sensibilidad tiene un antecedente en la actitud y la producción de Marcel Duchamp, en la que el *ready-made* se podría considerar también como una forma de comisariado sobre lo existente y, por tanto, un rechazo explícito a la originalidad y a la creación singular. En arquitectura habrá que esperar a la entrada en crisis del *International Style* como dogma para empezar a valorar, vía los diferentes localismos y regionalismos que progresivamente infiltran los contextos occidentales a partir de los años sesenta, posturas más cercanas a lo documentalista desde la observación y la compilación de diversidades 'encontradas' a la hora de trabajar, a modo de inventario disponible. Posturas en general anti-dogmáticas frente a lo que habían sido las premisas de las vanguardias y que proporcionan un incremento de los registros en manos del arquitecto que, al mismo tiempo que produce, observa, recoge, clasifica y recompone.

Ejemplo importante de esta actitud, no necesariamente nostálgica, serán los arquitectos en torno al Team X y, en particular, Alison y Peter Smithson y sus miradas cuasi arqueológicas sobre lo existente. Miradas que tempranamente ponen en práctica ya desde su instalación *Patio & Pavilion*, de 1956, con un conjunto de intuiciones que irán elaborando como metodología y que, en términos de mensaje, culminan con la publicación del manifiesto *The Shift*, en 1982. La arquitectura sugerida por esta actitud está movida por la doble intención del recolector y el intérprete, reconociendo el trabajo del arquitecto sobre un Movimiento Moderno que ya se podía describir en sus intenciones, realizaciones, aciertos y errores como un trabajo principalmente de interpretación, de reelaboración y de reensamblaje, pero que al mismo tiempo debía entender este material de partida como certidumbre tanto como naufragio y a la vez como un conjunto de valores positivistas, lanzados hacia el futuro y el progreso, y como unos restos que animaban a su recomposición.

El entendimiento de la modernidad como movimiento tecnológico, social y cultural derivado de la Ilustración, que se ve superado prematuramente tras la Segunda Guerra Mundial, en una interpretación del ámbito de trabajo del artista y del arquitecto transformada a partir de entonces, metafórica y literalmente, en un campo minado sobre el que caminar con ojos atentos, propone el abandono de la vocación moderna de novedad, asociada a las vanguardias históricas y operar desde un desplazamiento completo del marco de referencia. Un desplazamiento hacia una sensibilidad que se ejerce sobre el desorden de lo encontrado y la incertidumbre acerca de su utilidad que se puede rastrear ya desde los textos de James Joyce o T.S. Eliot, particularmente su poema *The Waste Land*, publicado en 1922, y su descripción estratificada de un paisaje físico y conceptual en forma de remolino donde los elementos chocan, se mezclan y se superponen. Una sensibilidad, por tanto, del hallazgo y de la observación en un contexto físico y cultural saturado de presencia construida, información y memoria, de la que emergerán paralelamente en el tiempo versiones tan incisivas como el *Potteries Thinkbelt* de Cedric Price, de 1963-66, o el concepto y obras de los *Non-Sites* que Robert Smithson, quizás el artista documentalista por excelencia, elabora a partir de 1968. Figuras ambas consideradas 'archivistas' en su habilidad de observación y análisis. Ocuparse de la acumulación literal del pasado, de lo prexistente, de lo encontrado y de su recomposición crítica y creativa, se volverá progresivamente un trasfondo para el arte y la arquitectura del periodo de postguerra. Un conjunto de actitudes que hoy día llaman a su revisión desde el paso al primer plano del concepto de archivo en las agendas contemporáneas.

Dentro de los discursos habitualmente asociados a la posmodernidad como conjunto de criterios, son los textos de Michel Foucault los que arrojarán una interpretación alternativa a la idea de archivo, presentándola como contrapunto a la de biblioteca, como si de dos modelos antagónicos se tratara. Donde la biblioteca unifica el saber, ordena el material que contiene el conocimiento y establece una jerarquía temporal en esta ordenación, el archivo (en manos del arqueólogo o el archivista, en términos de Foucault) sugiere «la reconstrucción de episodios del pasado como si fueran del presente»,[4] manejándose en un cuerpo de información des-jerarquizada en la que la labor de excavación sobre este supone el revelado de discursos múltiples, ocultos o alternativos. Foucault se afanará en describir una función operativa y metafórica al tiempo del archivo como concepto capaz de densificar nuestra lectura del pasado, aumentando los grados de libertad en su manejo.[5] Gilles Deleuze, por su parte y en su interpretación del trabajo de Foucault, sugerirá la figura de la diagonal como la propia del «nuevo archivista», un vector de recorrido sobre el archivo ejercida por quien «desdeñará la jerarquía vertical de las proposiciones que se escalonan unas sobre otras, pero también la lateralidad de las frases en las que cada una parece responder a otra. Móvil, se instalará en una especie de diagonal que hará legible aquello que por lo demás no se podía aprehender».[6]

En la actualidad el protagonismo del concepto de archivo en arquitectura se podría dividir en dos campos de interés, diferenciados pero compatibles. Existe por un lado un creciente esfuerzo por recopilar, clasificar y archivar un legado, el de la historia de la arquitectura, antigua o moderna, pero con especial cuidado en años recientes el legado moderno que, con más de un siglo de antigüedad, parece haber entrado ya en categorías dignas de verdadera atención documental. Archivos importantes como el del CCA, (Canadian Center for Architecture) en Montreal u otros más idiosincráticos como el de Drawing Matter en Somerset, Reino Unido, están dando visibilidad, a través de iniciativas curatoriales y editoriales de gran interés asociadas a sus fondos documentales a esta 'nueva' disciplina, la del 'archivo moderno', que se presenta como un campo de trabajo ampliamente abierto a interpretaciones y aportaciones. Por otro, aparece ante nosotros una nueva facilidad y sensibilidad, que es la de manejar el pasado de forma 'archivista', aprendiendo de las actitudes transversales que anticiparon los arriba mencionados pensadores hace más de tres décadas y que el curso de la tecnología y el acceso actual a la información y su manipulación han hecho reales.

La arquitecta y teórica Albena Yaneva, en sus estudios sobre la realidad contemporánea del archivo en arquitectura, ha propuesto la distinción entre archivo como lugar de almacenaje y clasificación y archivo como actividad productiva, destinada a un fin. Distinción entre archivo como recurso y archivar como práctica. Es decir, trabajar en, o sobre el archivo, como acción destinada a un fin desconocido que debe emerger desde su manipulación, impulsando la interpretación de los contenidos hacia una «máquina de interpretaciones» capaces de desterritorializar cada discurso arquitectónico en líneas de fuga, silencios, interrupciones o rupturas.[7] La capacidad por tanto de producir creativamente desde el archivo de forma rizomática, con la eficacia, agilidad y soltura del 'proyecto arquitectónico' frente a la estabilidad invariable de la 'historia arquitectónica' de la biblioteca.

Atlas

La antología visual emerge como técnica de trabajo para el arquitecto contemporáneo. Frente al estilo y la consistencia, o frente a la justificación del proyecto apoyada en argumentaciones teóricas previas, se contempla la producción de arquitectura y de pensamiento arquitectónico hoy por pura acumulación, destilado y editado de un material visual seleccionado. La elección de un imaginario, su clasificación, jerarquización y disposición en un orden determinado, no sólo actúa como acompañamiento para la arquitectura, sino que se debe considerar como una técnica específica, capaz de generar formas singulares de pensar y de proyectar. Valerio Olgiati, conocido por su «Autobiografía iconográfica» dice, en relación con su elaboración: «era un trabajo muy difícil porque al principio tenía miles de posibilidades a mi disposición, pero me propuse concentrarlas en un número limitado de ilustraciones. También actué en sentido inverso: tenía unas cuantas ideas en mente para las que debía encontrar una expresión adecuada. Ambas situaciones me exigían aclarar mis ideas intelectualmente».[8]

Derivada de la línea genealógica documentalista iniciada en los arranques del siglo XX, el atlas, tal y como se entiende hoy día, tiene ineludiblemente en el historiador alemán Aby Warburg y su *Atlas Mnemosyne* la referencia considerada seminal en el estudio de la cultura visual de forma panóptica como método, con sus mecanismos asociados de desplegados comparativos de imágenes. Mediante un conjunto de imágenes sobre soportes planos cuya presentación simultánea es capaz de establecer continuidades, discontinuidades, relaciones cruzadas, conexiones, secuencias evolutivas o sorpresas hasta entonces ocultas, el atlas de Warburg se erigía como metodología novedosa en el estudio de la historia del arte que, en su capacidad didáctica, abierta e interactiva, se infiltra desde el siglo XX al siglo XXI en multitud de mecanismos de trabajo artístico, desde Marcel Duchamp hasta Gerhard Richter, pasando por Ed Ruscha, Francis Bacon o Sol Le Witt, y llegando hasta las conocidas investigaciones recientes, de espíritu antropológico y arqueológico y hábilmente compiladas en formato libro, de David Hockney o de Mark Dion. Operan todos ellos con la serie y la comparación visual como interpretaciones intuitivas facilitadas por la proliferación cuasiinfinita de información dispuesta de acuerdo con un determinado orden, y establecen también una cierta actualización del pasado utilizándolo de una manera antinostálgica gracias a su introducción en un discurso secuencial, que no se centra en la singularidad o en lo iconoclasta de una pieza sino en cualquier rasgo de generalidad que pueda originarse en el conjunto. Desposeyendo al pasado de su aura y reescribiéndolo en sus características factuales, rigurosas.

Atlas así, por tanto, como extensión y utilidad práctica del archivo: «el archivo nos pide, ciertamente, afrontar la cuestión de lo inagotable y de lo insondable. Pero el atlas, por sus opciones mismas —o más exactamente por sus montajes—, hace visibles lo inagotable y lo insondable en cuanto tales. Gracias a ello se vuelve capaz de despejar las diferencias, de revelar sus inquietantes extrañezas».[9]

Gerhard Richter trabajando en la ser e *18. Oktober 1977*
Fotografía: Timm Rautert 1988

La producción de un atlas, y la voluntad de continuidad del trabajo propio con la agrupación que el atlas produce, implica un deseo de anonimato o un particular sentido de la modestia quizás característico de posiciones documentalistas en las que se pretende establecer continuidades sutiles con los materiales de partida reelaborados, despreciando el posible sentido de aportación o novedad de la propia producción. Así, reflexionando sobre su trabajo, Gerhard Richter escribirá: «Desearía dejar todo como está. Por tanto, no planeo ni invento. No añado nada ni omito nada. Al mismo tiempo, sé que inevitablemente planearé, inventaré, alteraré, produciré y manipularé. Pero no lo sé [...] Me gusta todo aquello que no tiene estilo: diccionarios, fotografías, la naturaleza, yo mismo y mis pinturas (ya que el estilo es violencia y yo no soy violento)».[10] Consistente con este criterio, el artista alemán consideraba que la elección de fotografías aparentemente casuales como base para sus pinturas le permitía huir del estilo, la composición, el juicio y la experiencia personal.

Esta elección de motivos deliberadamente anónimos y banales por parte de Richter se sistematizará con la publicación de su propio atlas, una colección de fotografías encontradas, bocetos propios y retazos varios que el artista recopila desde 1962, ordenada en conjuntos de familias o tipos y posteriormente publicada en formato libro, colección expuesta en diferentes ocasiones. El *Atlas* de Richter, y sus subsiguientes exhibiciones, funciona con la lógica de la seriación que tan bien habían explotado los fotógrafos de la escuela documental alemana originada en Bernd y Hilla Becher y sus composiciones en damero, en las cuales «una disposición consistente en al menos seis elementos es el menor grupo de objetos dispuestos que forma una tipología».[11] Es decir, a partir de seis elementos, son el ojo y el subconsciente los que dejan de primar la singularidad del elemento autónomo y comienzan a percibir el conjunto como un todo complejo, un todo que emite una información específica a ese conjunto y no a la simple suma de sus partes.

Con una intención quizás análoga a la de Richter, durante años Cedric Price se dedicó a recopilar recortes de revistas, periódicos y otros medios gráficos en una colección después llamada *Price-Cuts* en la que el arquitecto recogía material gráfico que le interesaba, generalmente relacionado con aspectos medioambientales, técnicos o sociales. La acción personal de recolectar y editar se puede interpretar como la puesta en acuerdo inmediato sobre el papel de diversidades obligadas a coexistir y generar un cierto sentido. Reunidas, trazan conexiones entre sí y encuentran en los escuetos comentarios con los que Price las anudaba un sentido argumental, casi como si un proyecto arquitectónico fuese a aparecer como la prolongación natural de la conjunción de estos intereses dispares sin la aparente intervención del arquitecto: un proyecto automático trazando los puntos entre referencias (tecnológicas, visuales), sin más mediación que la resonancia producida entre ellas. Es un ejercicio similar al que paralelamente en el tiempo realizaba Alejandro de la Sota al iniciar muchos de sus proyectos, precisamente aquellos en los que se estaba aspirando a una mayor disolución de la subjetividad del arquitecto a favor del trabajo directo con sistemas técnicos disponibles en el mercado en ese momento. Observación y recolección se transforman en proposición de forma instantánea, pasando por encima de las previsibles fases progresivas de un proyecto de arquitectura: análisis, intuiciones, titubeos del proceso, pruebas y errores, optimizaciones, desarrollo, presentación, etc.

En épocas más cercanas en el tiempo, Herzog & de Meuron se han acercado a la sensibilidad y genealogía que recorre desde Warburg a Richter al plantear su exposición y libro titulado

Natural History como una suerte de gabinete de curiosidades a medio camino entre arquitectura, arte y naturaleza. Recogiendo infinidad de maquetas de trabajo de sus proyectos, pruebas de materiales, vacilaciones, pasos intermedios y material periférico vinculado a su producción, proponían la presentación de hechos factuales, mudos, en fases de desarrollo y tan inapelables como los propios procesos naturales en el tiempo. Un material acumulativo, no necesariamente valioso en sí mismo, sino como parte de una evolución, y calificado como «simplemente residuos» por los propios Herzog & de Meuron, en un emparejamiento entre archivo y desecho o una consideración del archivo más como restos dejados atrás que como valores a conservar, algo señalado en otras ocasiones y que alejaría al concepto de archivo de cualquier connotación preciosista. El empleo de la fotografía en series, desposeídas de una narrativa concreta y aplicadas automáticamente sobre la superficie de una fachada y tras sufrir trasformaciones técnico-matéricas, es algo que en *Natural History* se relaciona directamente con el Atlas de Richter.[12] Procedimientos, en ambos casos, en los que la estrategia documentalista se lleva al extremo de despojar a la imagen de su intencionalidad narrativa a base de su descontextualización y transformación en pura visualidad o potencialidad.

Extensivo a esta forma de trabajar, Valerio Olgiati, en colaboración con Markus Breitschmid, ha descrito la «arquitectura no-referencial» como aquella que hace aflorar un sentido subyacente percibido por el espectador a través de la experiencia pura, por encima de cualquier tipo de codificación o lenguaje. Algo que podría asemejarse a un pensamiento o entendimiento estrictamente visual, sensorial, casi precognitivo, como recurso y responsabilidad de la arquitectura para significar, para producir un sentido experiencial, en un mundo que ya no abarca lo significativo.[13] La reacción implícita a esta arquitectura descansaría sobre lo visual en maneras previas a la racionalización o al establecimiento de discursos externos aplicados sobre la imagen. Un pensamiento pues, guiado por lo visual como condición inapelable para la arquitectura: la elaboración de lo también llamado en otras ocasiones un «imaginario» que contiene una determinada sensibilidad, convocando imágenes en torno a un mundo especifico sin explicaciones adicionales, y que en el razonamiento de Olgiati emergería como reacción a los excesos de discursos textuales y teóricos

que envuelven a la obra de arquitectura propios de la posmodernidad y de la criticidad de la academia, particularmente
americana, de las últimas décadas.

El pensamiento visual como forma de trabajo inherente al
arquitecto ha sido recientemente estudiado por Luis Fernández-Galiano, utilizando entre otras referencias las expresivas
imágenes de André Malraux en proceso de edición de su
libro *El museo imaginario*, tomadas en 1954. El despliegue de
imágenes, todas del mismo formato, pertenecientes al arte
antiguo y ordenadas en el suelo del apartamento de Malraux,
e incluso la relación cuerpo a cuerpo entre su figura, de pie, y
la retícula visual de imágenes sobre el plano horizontal entre
las que está inmerso, constituyen un resumen adecuado del
alcance del atlas como herramienta de trabajo: el atlas que
obliga a posicionarse, tomar partido y prolongar la secuencia;
extender la conversación hacia el infinito.

Modelos

El resultado del trabajo de arquitectura se define hoy día como
una sección cualquiera dentro de una serie. Un corte, for-
malizado en edificio, proyecto o investigación, dentro de una
sucesión de intereses que sobrepasan el momento concreto
de cristalización de la propuesta. La secuencia, la repetición,
las variaciones, caracterizan el trabajo de arquitectura actual
frente a otros rasgos que podían haberse asociado a la disciplina hace pocas décadas. Sobre aquellas habilidades que el
arquitecto podía haber ofrecido hace treinta años: especificidad, interpretación precisa de un programa y un lugar, adapta-
ción a las circunstancias, etc., se superpone la manifiesta
pertenencia de cualquier proyecto a una secuencia de orden
mayor. Una secuencia que hace de la producción de arquitectura hoy una tarea de continuidad más que de invención.

Si bien esta forma de trabajar en absoluto puede resultarnos
novedosa, sí posee algunas particularidades que la dotan de
un especial interés. Trabajar en series, definir la arquitectura
por acumulación de rasgos de identidad, utilizar la repetición
como estrategia y proponer secuencias formales y tipológicas,
son características desarrolladas ya durante la Ilustración y
que solamente se empiezan a cuestionar con la especialización que inaugura la modernidad y su hincapié en los procesos
de causa-efecto. Frente a la normalización de disposiciones

planimétricas y elementos compositivos que sistematiza Durand a finales del s. XVIII, la modernidad se caracterizará por ofrecer un exhaustivo análisis de las condiciones de partida para la producción de una síntesis original derivada de cuestiones objetivas propias del caso en cuestión, tanto como de su alineamiento con principios paradigmáticos generales.[14]

A pesar de la consistencia tipológica de las diferentes familias presentes en el trabajo de Le Corbusier o Aalto, asociadas a programas recurrentes formalizados en organizaciones que se repiten a lo largo de las distintas trayectorias, el concepto de serie en estos arquitectos encontrará una justificación funcional, al tratarse de soluciones equivalentes debidas a programas idénticos o similares. La idea de invención prevalecerá, por tanto, asociada a una solución única para una determinada demanda arquitectónica por encima de la serie o el conjunto de rasgos repetibles como valor en sí mismo. Si el ideal científico de la École Polytechnique y el espíritu de la Revolución francesa sugirieron el establecimiento de unas reglas limitadas a modo de invariantes 'genéticos' a partir de los cuales obtener combinaciones en un proceso de catalogación de origen enciclopédico deudor de D'Alembert, el ideal científico moderno trasladará el énfasis desde la clasificación de elementos hacia el trabajo solapado entre datos cuantificables y paradigmas estilísticos.

Ciencia y arte, por tanto, rodearán el núcleo conceptual de la arquitectura durante la modernidad con el objetivo común de ensayar, desde la exterioridad, la producción de 'hechos' incuestionables. En el vacío dejado entre estas dos aproximaciones, cerradas en sí mismas y blindadas en su presentación como evidencias, se instalan los procesos de sucesión de variaciones, alguna vez llamados procesos de oscilación,[15] equidistantemente escépticos tanto del determinismo científico que evalúa la arquitectura sólo según su rendimiento como de su valoración únicamente estética, visual o formal.

Las críticas a los procesos causa-efecto y las posibles tautologías a las que estos pueden conducir fueron ya enunciadas por los utilitaristas del s. XVIII. John Stuart Mill advirtió, en sus escritos sobre arte, de los riesgos de la causalidad y la condición inmovilista que la idea de necesidad acababa propiciando. La uniformidad de una secuencia y la unidireccionalidad de las explicaciones eran asimilables a una cierta metafísica alejada de la interpretación singular que el arte presupone. Asimismo,

Mill habló también del carácter imperfecto y provisional de las reglas en el arte, priorizando los efectos por encima de sus justificaciones. En su texto «¿Cuál es la función apropiada de las reglas en el arte?» el filósofo distinguirá entre arte y ciencia en tanto que «la ciencia, siguiendo una causa, llegará a varios efectos mientras que el arte traza un efecto desde múltiples y diversas causas y condiciones».[16] El arte hará uso de las verdades de la ciencia, pero organizándolas convenientemente para la práctica, es decir, asumirá unas leyes generales para describir, a partir de los resultados, unas reglas de comportamiento. Una interpretación consecuencialista alejada de cualquier fascinación por el método y por la acumulación de evidencias.

Prolongando esta línea de razonamientos, el filósofo pragmatista John Dewey desarrolló el concepto de «inferencia sistemática» enunciado por Mill y que estudia la capacidad de establecer consecuencias lógicas a partir de premisas o conceptos inicialmente inconexos: «Los hechos como tales son información, el material crudo de reflexión; su falta de coherencia incita al pensamiento. A estos le sigue la sugerencia de algún significado que, si puede ser corroborado, proporcionará un marco en el cual los fragmentos varios y la información aparentemente incompatible encontrarán un lugar. El significado sugerido proporciona una plataforma mental, un punto de vista intelectual, desde el que buscar observaciones adicionales e instaurar, experimentalmente, condiciones de cambio».[17] Así, la corriente utilitarista-pragmatista promoverá un cierto escepticismo hacia los procesos de aprendizaje y creación basados en la coherencia interna, valorando las consecuencias y los efectos por encima del procedimiento y describiendo recorridos de ida y vuelta «reconociendo las relaciones de interdependencia entre consideraciones previamente desorganizadas y desconectadas, reconocimiento realizado por el descubrimiento e inserción de nuevos hechos y propiedades».[18]

De acuerdo con el artista danés Olafur Eliasson, la componente experimental del trabajo artístico ha pasado de ser algo que ocurre durante los procesos de producción en los talleres o laboratorios a ser una condición que alcanza al usuario o espectador de una obra. La componente experimental, inacabada, que depende de aspectos aún no definidos o controlados que se van decantando en el interior de los procesos de desarrollo de una obra, se prolonga hasta los momentos de recepción de esa obra por parte del público. Esto no afecta al grado de perfección material de la obra ni a su elaboración. No quiere decir que la obra esté a medio hacer ni que deba ser finalizada por otras manos, sino que es la recepción del usuario la que da un sentido cultural al trabajo, a través de un proceso de apropiación que incorpora necesariamente la dimensión social e interactiva que la obra debe poseer y la dimensión fenomenológica de producción de efectos mediante su materialidad y presencia. Así, lo experimental pasa del laboratorio a la arena de lo público. Para Eliasson la idea de democracia implícita hoy en una obra de arte o arquitectura dependerá de la capacidad de esta para generar una asamblea a su alrededor, unos efectos y unas reacciones registrables, seguramente imprevistas a priori. La metáfora, la simplicidad y la claridad formal, la geometría o la capacidad de seducción material y fenomenológica, jugarán un papel importante en esa legibilidad.

Así, para Eliasson la condición negociable de sus obras hace de estas una opción en la que «la experiencia no se basa en una esencia que se encuentra en la obra en sí, sino en una opción activada por los usuarios».[19] En el momento en que la obra pasa de ser la representación física de una realidad abstracta, no real en sí misma, a equiparar realidad y modelo, entendiendo modelo como un paso tradicionalmente previo al de la formalización física y efectiva de las ideas, los modelos pasan a ser reales.[20] Si «anteriormente los modelos estaban concebidos como estaciones racionalizadas en el camino de un objeto perfecto»,[21] ahora la obra final es un modelo: no es un objeto finalista, es simplemente una opción, un caso posible. No es el paso final de un proceso de producción optimizado, que conduce de manera convergente hacia un resultado que se ha despojado de lo accesorio, que se ha hecho inevitable, sino que la realidad está formada por modelos que coexisten y ofrecen interpretaciones alternativas. El modelo no es un ejemplo previo experimental, una maqueta o prueba que posteriormente adquiera cualidades que lo pongan en sintonía (de escala, de materialidad, de expresión) con la realidad.[22] El modelo 'es' la realidad, y en ese aparente desajuste, en esa aparente accidentalidad, se abre un hueco para la interpretación subjetiva del espectador o usuario y su apropiación de la obra.

Se trata de invertir la cadena de tiempo y creación: el modelo ya no es el último eslabón de un proceso que ha tenido lugar fuera de sí mismo, en el laboratorio, sino que este proceso debe tener lugar sobre el propio modelo. La condición experimental pasa así al uso y a la interpretación de esa obra, ya que esta, como modelo, no se ofrece como final de un razonamiento ni posee valores inherentes. No está dando cuenta orgullosa de sus razones de ser, sino que ejerce una función inquisitiva, demanda una respuesta.

¿Qué consecuencias tiene esto para la arquitectura? El trabajo con modelos sugiere olvidarse de algunas herramientas de codificación como son la escala, la narratividad tectónica o la legibilidad de elementos compositivos para valorar cierto esquematismo y abstracción que permitan mantener abierto el proceso sin 'arquitecturizarlo' hasta el último momento. Esto permite afinar aquellos efectos que el modelo llevará asociados, más destinados a la respuesta subjetiva del usuario (a través de condiciones ambientales, interactivas y de organización) que a la representación de códigos disciplinares preestablecidos. También sugiere la repetición, la seriación, el azar y la pérdida de control absoluto sobre el resultado. El hecho de que el modelo simplemente 'aparezca' en la realidad, que 'sea' realidad, parece dotar al trabajo del arquitecto de una nueva ligereza conceptual, de un cierto eludir responsabilidades para dejar que las cosas acaben trazando vínculos con la realidad por su cuenta, sin el complejo aparataje de justificaciones, explicaciones sofisticadas y expectativas con las que los arquitectos habitualmente equipan su producción previamente a su salida al mundo.

El trabajo con modelos presupone la repetición y la serie como herramientas y la confianza en que esa repetición va a generar suficientes acontecimientos que alejen el trabajo de la generalidad. Que le den vida propia, que hagan aflorar, en la insistencia sobre esa repetición, las diferencias para producir «interferencias y cruzamientos»[23] que acerquen el proceso a un cierto automatismo e introduzcan un elemento de azar controlado.

La repetición y la seriación como autonomía propia de los minimalistas habrán dado paso, en aquel trabajo con modelos, a la repetición y la seriación como interdependencia entre azar y necesidad, tal y como ya describió Jaques Monod en 1970. Y esta introducción de lo contingente, tal y como explica Eliasson, es lo que facilita la aprehensión de la obra por terceros.

20

La arquitectura como actividad situada entre momentos opuestos y complementarios, entre invención y reproducción: entre asimilación de esa invención, redescripción de esta según particularidades, ejecución de variaciones sobre esa redescripción, registro de los efectos producidos por la aplicación de una cualquiera de esas variaciones… Este parece ser el trabajo contemporáneo que, sobre la forma, el espacio, el programa, ejerce la arquitectura, y también su posible aprendizaje y enseñanza. Todo ello alejado de valores absolutos, paradigmas y verdades estables.

Si hasta hace poco se podía considerar que «los momentos más intensos de la historia de la arquitectura son aquellos en los que un nuevo tipo surge»,[24] quizás los veloces mecanismos de transmisión de ideas y de materialización de estas que tenemos hoy admitan ampliar esta intensidad hacia los ejercicios de variación y transformación que la disciplina permite actualmente. Ya que, tal y como explicó John Dewey, por encima de la invención, son los procesos de imitación, generalización y comparación los que suponen un entrenamiento mental y de criterio para el intelecto. El aprendizaje humano se acelera en los momentos intermedios entre el juego y la seriedad, siendo la condición mental ideal aquella que, alejada del dogmatismo y el prejuicio, se manifiesta en la curiosidad y la flexibilidad ejercitada sobre un tema que permita el libre despliegue del mismo.

Guiones

A finales del siglo XIX la arquitectura moderna se va perfilando y describiendo como la conjunción de al menos tres factores críticos: los conceptos renovados de tecnología, forma y programa los cuales, licuados, cristalizarán en algo revolucionario. 'Programar', dotar de programa, actividad y contenido funcional específico a la arquitectura, se encuentra en el origen de la modernidad a partir de dos vectores que se retroalimentan: los nuevos usos, con sus demandas y necesidades, serán capaces de generar organizaciones y tipos (industriales, residenciales, terciarios…) hasta ese momento inéditos, y al mismo tiempo esas organizaciones inducirán unos hábitos, pautas y modos de vida que producirán nuevos usuarios; nuevos individuos, insuflados de valores y aspiraciones singulares.

El sujeto moderno, capaz de ejemplificar en su ser toda una ideología y cuyos hábitos ligarán tecnología, forma y programa a una moralidad específica, será por tanto un sujeto 'programado'. Dotado de una mezcla inestable de ingenio, heroicidad, mesianismo y perplejidad ante la claridad de sus horizontes, los «hombres programados» —Charles Arpel en *Mon Oncle* y Little Tramp en *Tiempos modernos* (en sus extremos más alienados); el Doctor Lovell y Howard Roark en *El Manantial* (en los más idealistas), y tantos otros—, serán personajes a los que la arquitectura, como mito y como imposición, «ha dado forma».

A partir de entonces y a lo largo del siglo XX el arquitecto moderno se moverá entre la omnipotencia de poder modelar al ciudadano del mañana a través de la arquitectura o actuar asépticamente, cual notario, alojando funciones neutra y clínicamente. En esta contradicción entre guion específico y manifestación prototípica oscilará la arquitectura, acercándose a lo genérico o reclamando la singularidad del acto de 'programar' como la única característica (en palabras de John Summerson en su ensayo «The case for a theory of Modern Architecture»), exclusiva de la modernidad.[25]

Llegado el momento actual, tras el sobrecalentamiento de los discursos reprogramadores de principios de siglo XXI, la arquitectura parece haber agotado la interdependencia unívoca entre sujeto y objeto; la identificación entre usuario iconoclasta y contenedor ad hoc. La inducción de un determinado comportamiento del usuario a través de la arquitectura prescinde crecientemente de un diseño hiper específico destinado a catalizar determinadas acciones o rendimientos.

La priorización de las condiciones ambientales y atmosféricas de la arquitectura frente a la indiferencia por su forma, el creciente reciclaje de espacios de 'segunda mano', reutilizados de maneras imprevistas, el uso de organizaciones isótropas y des-jerarquizadas (que han dejado atrás las antaño virtudes universales de la planta libre moderna), permiten pensar hoy día en una programación ya post tipológica y post funcional: no necesitada de un diseño optimizado para catalizar un funcionamiento previsto. De la planificación del programa, entendida como el diseño de los perímetros que envuelven las acciones, se ha pasado al proyecto del guion de la arquitectura, es decir, a proyectar los acontecimientos a desarrollarse en un escenario cualquiera. De 'programado' como apriorismo paradigmático a 'programado' como desenlace.

La mutación del programa en guion se anticipaba en las vanguardias de la llamada arquitectura radical. Proyectos como el

Fun Palace de Cedric Price (1962), junto con otras propuestas visionarias de la época, inician una transformación de la idea monolítica de programa como alojamiento optimizado de actividades en la arquitectura, heredada del concepto de funcionalismo del Movimiento Moderno, hacia otra más efervescente como es la de programa como accidente. Estableciendo marcos de referencia espaciales no ya optimizados hacia el hospedaje de actividades mesurables o previstas, sino más bien hacia la facilitación de lo imprevisto, del acontecimiento.

La producción de acontecimiento a través de la arquitectura se transferirá como argumento experimental desde Price a arquitectos como Rem Koolhaas o Bernard Tschumi, quienes inicialmente traducirán protocolos tomados del cine y de la literatura para poner en práctica una arquitectura *plot driven*,[26] es decir, dirigida por un guion o argumento narrativo que se desarrolla en el tiempo y en el espacio de forma secuencial, dirigida y aplicada sobre el usuario. Un guion vectorial, casi un cómic que valora la singularidad del instante en el uso de la arquitectura y en la entrada en carga real, efectiva, de su programa: la llegada al aparcamiento por la mañana, una reunión en la planta «n», una cena en la terraza, un paseo por la cubierta…[27] El diseño de la situación y su inserción dentro de una narrativa.

Parafraseando a Deleuze, quien en su libro sobre Foucault titulaba uno de sus capítulos «Del archivo al diagrama»,[28] podríamos establecer el interés contemporáneo por trabajar desde el archivo hasta el guion y viceversa. Idas y vueltas del archivo al guion y del guion al archivo como mecanismo operativo, de vocación didáctica, para la producción del proyecto arquitectónico. Indagando sobre las posibilidades de interpretación que emergen desde el archivo y poniéndolas en práctica a modo de hipernarración, escenificando situaciones en secuencias como un *storyboard* o guion gráfico. La habilidad documentalista para dar forma coherente a un material diverso en aras de una claridad expositiva no solamente supone la actividad comunicativa de la arquitectura, sino que emerge como técnica de proyecto en sí misma.

Pensar y explicar la arquitectura a modo de *storyboard* conduce a protocolos cercanos al actual *design thinking* como habilidad quizás imprescindible hoy día para el trabajo del arquitecto en cualquiera de sus actividades y, más aún, como habilidad inherente a su formación híbrida capaz de solapar análisis, hipótesis, desarrollo y síntesis. Facilitando procedimientos de trabajo en equipo, orientados hacia la integración de criterios diversos y dirigidos a la resolución de problemas complejos mediante la acumulación de hipótesis y soluciones parciales que se pueden explicar gráficamente por pasos y de forma sencilla. La capacidad de exponer un proceso que conduce a un resultado de manera sintética, secuencial, persuasiva y sobre todo visual, algo inherente hoy día a la publicidad o al diseño más creativo, debe permanecer por encima de las simplificaciones y tautologías a las que esto en ocasiones conduce, como técnica de trabajo en arquitectura, desde la habilidad de proyectar entendida como el establecimiento de hipótesis arrojadas hacia delante en el tiempo.

Formatos

No por repetida y obvia deja de ser relevante la máxima de Marshall McLuhan que proclamaba la dependencia entre medio y mensaje, pero parecería que para la arquitectura hoy día el diseño del medio (o el formato) es, en muchas ocasiones, el proyecto en sí o el trabajo a desarrollar por el arquitecto. En efecto, el arquitecto contemporáneo emplea habitualmente un esfuerzo equivalente en el diseño y elaboración de un trabajo y en su formateado; tanto en la definición previa de cuál va a ser el formato profesional sobre el que producir el trabajo como en la preparación del producto arquitectónico para salir al mundo. Si esto no es exclusivo de nuestro tiempo, y se podría argumentar que formatear siempre fue un trabajo inherente a la arquitectura, sí en cambio podemos aventurar una triple hipótesis quizás más propia del momento.

Por una parte, la vertiginosa evolución de la figura del arquitecto y su progresiva pérdida de relevancia o primacía, obliga a repensar su posición en los procesos en los que participa desde nuevos órdenes de relación entre actores. Por otra, la extensión del concepto de 'proyecto' a actividades no exclusivamente relacionadas con el diseño de un proyecto de arquitectura se puede considerar ya como una realidad cotidiana de tantos arquitectos desvinculados de la necesidad de materializar sus ideas en formato 'obra construida', sin dejar por ello de aplicar unas habilidades y conocimientos 'de proyecto', en el sentido estricto. Y finalmente podemos detectar una sensibilidad actual hacia el entendimiento creciente de la figura del arquitecto como alguien que, alejado de la invención y de la originalidad, ha comenzado a actuar más como *curator* o comisario a la hora de trabajar, sea en trabajos propios o ajenos, reensamblando y editando un material de origen preexistente con la habilidad de darle un nuevo sentido.

La preocupación por el diseño del formato en arquitectura como tema responde a una crisis, entendida como sucesión de cambios en las condiciones actuales de producción de arquitectura, cada vez más imprevisibles, reconfigurables, singulares para cada ocasión y, desde luego, crecientemente alejadas de lo que fueron las jerarquías tradicionales o los equilibrios de fuerzas entre cliente, arquitecto, obra y responsabilidades asociadas. La pérdida de control sobre el proceso completo de proyecto y obra, la inclusión del arquitecto en equipos en los que este ya únicamente juega un rol parcial, acompañado por interioristas, ingenieros, consultores, *project managers* y otras figuras, el encargo al arquitecto de sólo una parte de un trabajo de arquitectura e, incluso, el cada vez más común troceo de un encargo entre varios arquitectos por parte de un mismo cliente, generando competencias e inestabilidades difíciles de negociar, todo ello unido al decrecimiento en escala del trabajo que cae en manos de los estudios o arquitectos de escala no corporativa (en España, la inmensa mayoría), y la dramática reducción de honorarios para un mismo nivel de responsabilidad civil y con un incremento de la producción y tiempo a emplear, ha hecho del diseño del formato de trabajo una obligación imperiosa para la supervivencia del profesional.

En este contexto de la figura del arquitecto en crisis, la revisión de su posición en la sociedad y en los sistemas de producción que lo afectan y en los que participa, ha sido en general la de una huida de los formatos de pequeño estudio unipersonal, bien hacia la asociación de varios profesionales en equipos o colectivos de configuración variable o bien hacia su inserción en estructuras mayores; consultorías técnicas, estudios de arquitectura de escala corporativa, etc. Los llamados colectivos, de reciente notoriedad, han enarbolado la idea de que una arquitectura producida colectivamente (quizás con una toma de decisiones más diluida y con una menor carga de subjetividad) produce necesariamente un resultado cercano a un carácter provisional, inacabado y crudo de la arquitectura. Ello evidencia en exceso, quizás caricaturizado, el ensamblaje del proceso de trabajo materializado literalmente en un aparente bricolaje del producto. Algunas prácticas colectivas, como la inglesa de Assemble (en su traducción, ensamblar, armar, reunir), un gran colectivo variable de cerca de veinte jóvenes arquitectos, parecería haber superado esta tautología para asociar su práctica más bien con el diseño de un proceso pautado y muy controlado por los arquitectos con una aproximación que pone en valor lo local y artesanal de cada trabajo como posicionamiento, desvinculado de un resultado cuyo carácter deba 'hablar' sobre el origen colectivo del proceso. En alguno de estos casos las obras construidas han sido ejecutadas directamente por los arquitectos, lo que introduce un preciosismo en sus materiales, pautas de montaje e instalación, que suponen una verdadera posición crítica frente a las inercias aplanadoras de los procesos industrializados dominantes.

Pero la realidad más habitual es que la mayor parte de los arquitectos que desean participar en procesos de diseño de obras construidas lo hacen desde su inclusión en equipos de mayor tamaño no necesariamente dirigidos por ellos sino más como empleados en un estudio de arquitectura de una cierta escala. Esto no debería suponer una reducción en las ambiciones creativas de un joven arquitecto. Existen evidencias de que, a partir de cierta escala de oficina, es en los arquitectos jóvenes, a veces incluso muy jóvenes, en los que reposa gran parte del diseño de un edificio complejo, siempre integrados en equipos de trabajo colectivos, pero en los que paradójicamente el joven profesional puede tener más opciones de ejercer como arquitecto en el sentido ortodoxo que en una práctica 'menor' en la que muchos encargos cotidianos pocas veces se pueden llegar a llamar arquitectura.

La consideración, no obstante, de que todo es proyecto y de la necesidad de que así se debe educar a los futuros arquitectos, vayan o no a querer o poder participar en procesos de diseño de obras construidas, resulta en estos momentos imprescindible. En primer lugar, para que las escuelas de arquitectura puedan incorporarse a una realidad que desde hace tiempo se les escapa y en la que la multitud de actividades paralelas que el arquitecto realiza, inexistentes hace dos o tres décadas, merecen una consideración desde los programas académicos: de la edición a la restauración; del comisariado a la asesoría técnica; de lo digital a lo artesanal; de la cultura o la industria. En segundo lugar, porque convertir la secuencia de pensamiento y producción de cualquier trabajo en 'un proyecto' supone el reformateo del problema o de la oportunidad hacia la aplicación de las habilidades más inherentes a la formación del arquitecto. Documentación, intuición, guion, desarrollo; el vector temporal, lineal, que transforma la nebulosa del problema en una narración con pasos, evolución y desenlace, y todas las consabidas herramientas y protocolos que pertenecen al arquitecto en su formación híbrida y estratégica, hacen del arquitecto capaz de trasformar 'trabajo' en 'proyecto', un profesional valioso.

La creciente redefinición, finalmente, del arquitecto como figura más cercana a la del comisario, o *curator*, que a la del creador, supone un importante desplazamiento hacia la necesaria utilidad relacional del arquitecto como aquel cuyo trabajo va dejando de ser el de la creación *ex novo* para, en cambio, pasar a situarse en complejidades donde su función es la de imaginar un encuentro posible, produciendo las condiciones para un intercambio entre realidades, actores y condiciones prexistentes. El protagonismo de la figura del curador en la historia reciente del arte, trasladado a la arquitectura, permite imaginar a un arquitecto estrictamente documentalista en los términos aquí descritos que opera sobre el saber y los productos ajenos produciendo nuevos sentidos para las cosas mediante la recombinación de aquellos. La postproducción se convierte en su mayor habilidad, un intercambio permanente entre procesos en curso que son reconducidos, editados y formateados por él. Formas de operar que otro campo paralelo como la arquitectura de interiores aplica con soltura cotidianamente y desde hace tiempo en la realización de su trabajo, con la capacidad para producir un proyecto directamente como manipulación y redescripción de elementos tomados de otros y anteriores proyectos ajenos, ayudándose de la inmediatez de las herramientas informáticas disponibles para ello. Eliminando fases y pasos intermedios, titubeos o elaboraciones ensimismadas, para intensificar la urgencia y el efecto en unos protocolos que se antojan adecuados al momento y que la disciplina tradicional de la arquitectura no debería desdeñar.

De acuerdo con Nicolas Bourriaud, propagandista de la idea de postproducción como signo de los tiempos, las habilidades desplegadas en estas formas de trabajo son una consecuencia lógica de los procesos culturales de la modernidad aplicados al arte. Abren el resultado a interpretaciones más colectivas y democráticas y se adaptan al contexto de un mundo contemporáneo en el que deja de tener sentido «lamentarse porque todo haya sido hecho ya», pues el objetivo es, cada vez más, «inventar protocolos de uso para los modos de representación y las estructuras formales existentes»,[29] en una visión pragmatista donde se evalúan los resultados por su valor de uso y no por su significado inherente.

No obstante, los riesgos actuales de que todo sea comisariado son evidentes, en una época en la que transformarse en pseudocomisario es fácil e inmediato gracias a los formatos digitales que permiten seleccionar, recombinar, decantar y presentar infinitamente el gusto personal de cada uno con resultados simuladamente consistentes, pero en realidad, las más de las veces, superficiales. La democratización ejercida por la red, y el hecho de que el trabajo a través de ella suponga connaturalmente una labor de permanente comisariado en diferentes formas, ha hecho que «aquella generación nacida dentro de la era de la digitalización, referida por el novelista Douglas Copeland como la 'Generación Diamante', comparta la irreverencia por las nociones tradicionales de autoría y herencia cultural, algo que su trabajo manifiesta. Disponen de conocimientos instantáneos y habilidades tecnológicas en la punta de sus dedos y confían en las plataformas digitales como escaparate de sus nuevas ideas y aproximaciones culturales iconoclastas».[30] En este hábitat circundante es, por tanto, necesaria la indagación en los formatos sobre los que se hace y ejerce la arquitectura hoy como parte ineludible de la formación de los futuros arquitectos.

Figuraciones

Uno de los principales desplazamientos en el campo de los intereses académicos y de las practicas emergentes con militancia cultural de la última década, principalmente en el contexto europeo joven, ha sido el que ha extendido una definición de la arquitectura basada principalmente en el programa hacia la incorporación de una revisión sobre lo figurativo.[31] Entendiéndose el interés por la figuración al menos en una triple realidad: la de un posicionamiento crítico frente a la predominancia de la cultura del mercado (en un emparejamiento entre neocapitalismo y abstracción en el lenguaje de la arquitectura que se pretende cuestionar); la de una revisión, asimismo crítica y alejada de cualquier nostalgia, del trabajo de arquitecturas de anteriores décadas en las que el aparente protagonismo del lenguaje se interpreta desde lecturas más conceptuales y menos epiteliales; y en la inclusión en esta revisión figurativa de determinadas técnicas de proyecto vinculadas con operaciones tanto tipológicas como de expresión formal: técnicas manejadas con desenvoltura, que dotan de una nueva ligereza a una redescripción de anquilosados discursos de antaño, muchos de ellos en el núcleo de lo que se llamó la posmodernidad en arquitectura.

En efecto, la recuperación de la figuración emerge con fuerza a finales de la primera década del siglo XXI en reacción simultánea tanto a los excesos de la reprogramación y sus tautologías de causa-efecto como al estrecho callejón al que iba quedando relegada la experimentación formal de raíz digital y paramétrica. Aflorando en las agendas contemporáneas en paralelo a la emergencia de los discursos en torno a la sostenibilidad y la energía, la revisión de la figuración, como genealogía histórica y como conjunto de técnicas de proyecto, parecería representar la otra cara de la moneda de aquella reclamación del campo disciplinar. Si la emergencia climática y la creciente complejidad y especialización de los procesos de diseño y constructivos ha llamado progresivamente a una revisión holística del hecho arquitectónico desde la integración orgánica de estas complejidades (ingeniería, arquitectura, paisajismo, gestión, obra…), para poder diseñar, controlar, prever y monitorizar el rendimiento (*performance*) de la arquitectura tanto en sus fases previas como en su vida útil, parecería que otra crisis y otra realidad instrumental han ido forjando la revaluación de toda una línea de pensamiento en torno a la figuración como asunto. Así, emergencia climática y complejidad en los procesos se complementarían con crisis territorial y manejo digital de precedentes (el archivo), de forma ágil y desprejuiciada.

El cuestionamiento del urbanismo del *sprawl* y sus excesos, y la consiguiente reivindicación de los tejidos históricos y premodernos como objeto de interés y posibles incubadores de programas y relaciones sociales alternativas, ha llamado a la actualización de tipologías, otrora aparentemente superadas, cuyo reajuste se ha vuelto uno de los principales terrenos de interés para el arquitecto contemporáneo. La reciente puesta en valor de la llamada 'ciudad europea', densa y compleja en términos programáticos, escalares y ambientales, en la que conviven tiempos, trazados y realidades diversas, y la demostración de su vigencia frente a las crisis sociales y energéticas que afronta el mundo actual, ha llevado a la reconsideración de cuestiones de imagen y carácter como asuntos relevantes. Mecanismos alejados de la tabula-rasa, el objeto de bulto redondo y la autonomía formal, ocupados en cambio de la incorporación de un estrato lingüístico comunicativo al que se confía la expresividad de lo construido, en la confianza de recuperar una arquitectura más 'parlante', capaz de producir una imagen concreta, un carácter y una sensación específica para cada situación. Aprehensible, en un proceso de involucración del receptor alejado de entendimientos exclusivamente espaciales, geométricos o plásticos.

En este llamado giro figurativo, la preocupación por el lenguaje como vehículo de comunicación se produce a partir de la reflexión autónoma acerca de los elementos básicos de la arquitectura y de su reelaboración singular de acuerdo con las circunstancias de cada caso. Principalmente, pero no solamente, de los elementos de fachada, que son los que determinan la legibilidad de la arquitectura en la ciudad. Así huecos, embocaduras, jambas, ventanas, dinteles, vierteaguas, columnas, soportes, cornisas, aleros, canalones, marquesinas, zócalos… y tantos otros elementos reciben una elaboración específica y en ocasiones 'manierista', dicho esto como un valor y de acuerdo con el reciente libro de Francisco González de Canales sobre la adecuación del término manierismo en el análisis de cierta arquitectura del panorama europeo reciente.[32]

Lejos de ejercerse desde perspectivas conservadoras, esta revisión de la figuración se ha producido desde posiciones culturalmente comprometidas y disciplinalmente arriesgadas por parte de un conjunto de prácticas arquitectónicas que han cultivado la consabida equivalencia entre las actividades constructiva, académica y editorial, dando así un alcance ampliado a su producción.

Esta producción ha llevado generalmente aparejada una renovada atención a la ciudad, a la escala menor, al trabajo sobre lo existente o a la recuperación de producciones más artesanales o menos genéricas en su arquitectura. Todo ello legitimando, o dando un sentido cultural más completo, una posición figurativa-documentalista, en su rastreo y arqueología sobre lo existente, y de confianza en el lenguaje como elemento de identificación y comunicación, abierto y codificado al mismo tiempo.

La propuesta de una arquitectura deliberadamente ajena a los paradigmas constructivos y de imagen de lo corporativo y sus recursos (rasgos de neomodernidad, color, aluminio, muros cortina…, todo ello aderezado con guiños sostenibles en el discurso) ha producido como reacción un trabajo de resistencia a las fuerzas aplanadoras del capitalismo y su imagen construida que ha recurrido a la reelaboración de filones estéticos del siglo XX inconclusos como puedan ser el neorrealismo o el realismo sucio, la estética documentalista, el posmodernismo más seco y menos edulcorado o el pop más intelectual. Vetas formales, materiales, constructivas y compositivas que, revisadas, han armado un léxico heterodoxo a modo de 'esperanto militante' en el que se reconocen aquellos que lo practican como parte de las posiciones críticas del momento. Posiciones que no sólo compartirían filias, fobias y una cosmogonía común, sino que, y esto es lo relevante en términos académicos, habrían reescrito la figura del joven arquitecto con proyección cultural a partir de la intensificación de sus herramientas de proyecto y de la agilidad en el manejo de precedentes, explícitamente posproducidos.

Desde el punto de vista de las herramientas de proyecto, y a pesar de que la nueva disciplina figurativa se describe también en la ortodoxia y corrección de su factura material, la deliberada reducción de variables geométricas o compositivas hace de esta arquitectura neofigurativa un asunto aparentemente accesible, más manejable, que otras 'maneras' con las que el joven arquitecto pudiese haber estado familiarizado durante las últimas décadas. Incluso haciendo gala de una cierta 'torpeza aprehendida', una arquitectura en ocasiones naif, simple y directa, se instala quizás en la línea que recorre la incursión suiza de Aldo Rossi y su consiguiente influencia en Herzog & de Meuron y muchas de sus obras más 'esquemáticas'.[33] La accesibilidad a la producción de este tipo de arquitectura la acercaría a un nuevo pop, o a una arquitectura deliberadamente low-fi que alinearía su inmediatez con la de otros productos materiales de la cultura contemporánea.

No obstante, la facilidad aparente de una posible nueva figuración no debe engañar. Oculta en su inmediatez, en sus mejores ejemplos lleva aparejada una crítica a las condiciones de contorno en las que se ubica, revelando muchas de las veces relaciones no sólo con su contexto inmediato, sino estableciendo saltos en el tiempo y la memoria a través de su expresión. Pero si esta cualidad ya se podía rastrear en los mejores ejemplos de la posmodernidad, es posible que la revisión figurativa actual no se produzca en oposición a la abstracción en arquitectura, sino de forma alternativa a ella en cuanto a la efectividad de determinadas operaciones de descontextualización de manera intensificada. Es decir, la arquitectura neofigurativa como aquella capaz, paradójicamente, de establecer desde su aparente mutismo un campo de abertura a interpretaciones singulares por parte de usuario o espectador, más libres que las activadas por una arquitectura apoyada en operaciones abstractas de aparente carga conceptual. Ya que, pasada la época de la arquitectura del espectáculo que caracterizó los años ochenta y noventa, la arquitectura reprogramada de principios de siglo XXI o las diferentes versiones recientes de esencialismos, neominimalismos o arquitectura eco, parecería que la vuelta a las agendas de la figuración supondría hoy una arquitectura decodificada, debido a su aparente familiaridad y por tanto, más susceptible de ser interpretada libremente, más susceptible de permanecer culturalmente inacabada gracias a su falta de sobreactuación, algo de lo que peca aquella arquitectura que enfatiza en exceso sus intenciones a través del lenguaje o la forma, generalmente mediante operaciones más abstractas que figurativas. Ello facilitaría, en su aparente relajación, un proceso al mismo tiempo de colectivización y anonimato, como el de lo inacabado que permite su rescritura desde la subjetividad de cada individuo.

Esto hace que hoy día, paradójicamente, una arquitectura más cercana a lo genérico, a lo normativo y con lenguajes y operaciones de proyecto que abrazan lo figurativo y huyen de la abstracción, pueda actuar, o rendir, como elemento inquisitivo en la escena urbana, activando reacciones y recuperando una presencia relevante capaz de incorporar al espectador en un diálogo cultural más complejo que el generado por la simple confrontación o la sorpresa. La huida de la sobredeterminación, la especificidad funcional y la intensidad formal y material pueden hacer que la arquitectura se acerque más a una situación de empatía y aprehensión por parte del receptor que le haga completar el sentido de la misma, utilizando la cercanía y sutileza presente en determinada figuración para activar una reacción más implicada. Ya que, cuanto más se base la arquitectura en cualquier tipo de paradigma o discurso preestablecido (sostenibilidad, participación, minimalismo, parametricismo...), menos será dejada a su suerte, menos permanecerá simplemente como 'una cosa ahí fuera', suficientemente injustificada por explicaciones externas como para permitir nuevas lecturas e interpretaciones: para permanecer culturalmente inacabada. De ahí el posible halo de impenetrabilidad de cierta arquitectura neofigurativa, que permanece inexplicada e inalterada, hermética a interpretaciones fáciles y exigente con la implicación que esta dificultad lanza hacia el observador.

En su caso extremo, la revisión figurativa facilitaría una forma más efectiva de acercar la arquitectura a la instalación artística. Un acercamiento en el que la 'nueva' arquitectura figurativa, desprendida de la codificación lingüística aplicada sobre cualquier lenguaje abstracto, asume los valores de una arquitectura más transitoria, efímera o circunstancial, en permanente devenir e inestable en sus mensajes (características propias de la instalación artística como disciplina), para ejecutar ese acercamiento de maneras más tangenciales y no evidentes. Despojándose de atributos que podrían haber estado asociados a ella (estabilidad, solidez, objetividad), la arquitectura de la revisión figurativa resulta en muchos de los casos aparentemente familiar en su primera apariencia, pero más esquiva en lecturas sucesivas que niegan determinadas presuposiciones. La abstracción nos pone en guardia previamente a cualquier operación de desestabilización a ejercer, ya que su codificación formal, alejada de la naturalidad visual de lo ya conocido, exige nuestra atención con un esfuerzo anterior. La figuración, en cambio, pasa inicialmente desapercibida por su familiaridad, introduciendo un bálsamo adormecedor, de forma que una posible deslocalización ocurra inesperadamente. O, mejor dicho, se produce mientras pensamos en otra cosa: mientras nos distraemos en la iconografía o el lenguaje, se está llevando a cabo una operación siempre más sustantiva que la que la apariencia parece comunicar. Una arquitectura en la que los elementos figurativos parecen contener el discurso y la carga comunicativa, mientras que las operaciones significativas, las destinadas a desmontar la integridad de la arquitectura, se ejercen de forma silenciosa o invisible a primera vista.

Así ocurre con las revaluaciones críticas más incisivas que se vienen llevando a cabo durante los últimos años sobre el trabajo de Venturi-Scott Brown, Rossi, Stirling o Koolhaas. Revaluaciones que lejos de volver a leer el trabajo de estos autores según el cumplimento o no de sus argumentos de partida y su sólido armazón ideológico, buscan revelar aquellos mecanismos latentes, desconocidos incluso para ellos, que ejercieron socavamientos en los principios y protocolos disciplinares que parecían querer reafirmar, volviendo a poner mecanismos de proyecto del pasado en utilidad actual, acercándolos a operaciones extra-disciplinares y recobrado la capacidad crítica y propositiva de la figuración en arquitectura.

Gabinetes

Lejos de considerar anticuada o nostálgica la metáfora del gabinete de curiosidades (universalmente referido en cualquier idioma como *Wunderkammer*), para describir el ambiente de trabajo del arquitecto, en su forma física pero también en la aceptación conceptual del término, este concepto adquiere una nueva vigencia a la luz de las condiciones contemporáneas de la práctica. Si el gabinete es aquel espacio que acoge las diversidades, donde se da cita la recolección, lo encontrado, lo capturado que, reensamblado y reinterpretado, da lugar a interpretaciones del mundo a través de ese filtro separador que supone el espacio de trabajo (tradicionalmente un recinto cerrado y algo segregado del mundo), el entendimiento hoy día del contorno de producción del arquitecto como un nodo de intercambio, más que un recinto estanco, expande la idea de gabinete y obliga a su revisión.

Si la imagen habitual que equipara el estudio de arquitectura con el gabinete de curiosidades es aquella eminentemente documentalista en el sentido literal de trabajar a partir de la recolección, en la que una cierta acumulación heterogénea y confusa acaba produciendo un orden (o al menos un sentido tras una decantación intelectual y técnica ejercida por el científico, artista o arquitecto), podemos considerar cómo el vector unidireccional que determinaba esta transformación se mueve hoy día en trayectorias erráticas. Al mismo tiempo que pierde importancia el límite tradicional entre interior y exterior del gabinete (el estudio de arquitectura hoy puede ser cualquier lugar, físico o no), gana artificialidad y carácter abstracto la relación entre lo producido en su interior y la realidad. Es decir, no existe ya una identificación entre dónde se produce la ar quitectura y para dónde se produce, de la misma forma que lo producido (aquello que permite la aparición de arquitectura, los documentos que la facilitan), debe rendir crecientemente en la globalidad de los sistemas de comunicación y difusión de información, viéndose obligados a abandonar (planos, dibujos, diagramas, instrucciones) muchas de las codificaciones que los hacían antes específicos (tamaño, escala, grafismo, códigos) para extender su utilidad en situaciones variables.

Habiendo sido el origen primitivo de la función específica del arquitecto, primero maestro de obras, la de estar físicamente presente en el interior de un proceso de construcción, en una obra, contribuyendo en tiempo real a la aparición esforzada de lo construido, sobre la misma realidad, se podría considerar cómo la progresiva reclusión del arquitecto en un «espacio otro»[34] —el taller o estudio, alejado de la obra, en el que se produce un simulacro de lo que después va a ser real (trazas, dibujos, planos)— supone un proceso que intelectualiza su figura: la aleja de la realidad imperfecta para hacerle trabajar en un vacío perfecto, el estudio o gabinete. Aquel en el que las cosas coinciden, tienen sentido coherente y se pueden replicar.

Esta tensión o dialéctica entre fuera y dentro, realidad y perfección, fisicidad y abstracción, tantas veces señalada en la historia como crucial en el abandono de un trabajo empírico hacia uno teórico que supone el paso de la Edad Media al Renacimiento,[35] recorre también la modernidad para dar recurrencia a ese mismo abandono, en un desplazamiento que podríamos considerar como cíclico, que se repite a lo largo de la historia. Al igual que Andrea Palladio tuvo que redibujar todos sus proyectos construidos, reescribiéndolos perfeccionados para transformarlos de nuevo en manifiestos, el Movimiento Moderno negaría la continuidad entre productor y objeto, incorporando un filtro de enajenamiento. La arquitectura se podía pensar en un mundo paralelo, ajeno o alejado y, precisamente, son los desajustes entre ese dentro y ese afuera lo que produce una abertura a interpretaciones, una aprehensión de la obra por parte de terceros. ¿No percibimos en el contacto físico, en la visita a las mejores obras del Movimiento Moderno, esa traslación desajustada (en escala, en materialidad, en espacio) desde el mundo otro del estudio, de la pura abstracción fuera del espacio y del tiempo, de golpe a la realidad de un lugar? Mediar en ese desacople, en esa falta de coincidencia, es precisamente la función del gabinete. Romper la continuidad orgánica entre idea, producción y realización. Interrumpir, emborronar, filtrar, interpretar esa secuencia, celebrando el desencaje entre la deslocalización del no-lugar y la realidad del lugar.[36]

Encontramos ese movimiento de idas y vueltas entre la realidad otra y la realidad real, una y otra vez, en descripciones de procesos artísticos y en interpretaciones de espacios de trabajo: en la explicación de la relación entre un mundo real y un mundo poético, de acuerdo con el poeta Pedro Salinas; en el cuadro *Estudio rojo* de Henri Matisse: rojo, interior del estudio del pintor, como la luz del color complementario al verde que es el rojo, verde que se percibe por la ventana en el cuadro, en el jardín exterior al estudio;[37] en la reproducción cinco siglos después de la pintura de retratos mediante la técnica de la *camera obscura* por parte de David Hockney como una verdadera máquina de trasformaciones entre interior y exterior, luz y oscuridad, figura y su inversión, y la posibilidad de que el calcado de la imagen proyectada fidelice más o menos esa realidad, inevitablemente transfigurada al entrar en el gabinete; en la traslación permanente entre forma y diseño descrita por Louis I. Kahn (*form and design*), extensiva hacia su recuperación del concepto atávico de habitación del que parte el origen del acto arquitectónico; en la implosión del mundo en una habitación, en su interior, como descripción literal de la idea de convocar el infinito sobre un receptáculo que todo lo contiene; más recientemente, en la interpretación, descrita en sucesivas ocasiones por Juan Navarro Baldeweg, de que la obra actúa como «caja de resonancia», lo que se explica como la función primordial de la arquitectura. Sobre esta noción de homología, y en el caso de Kahn, Navarro Baldeweg escribirá: «La arquitectura se hace en dos habitaciones. Una de estas habitaciones no tiene existencia propiamente y, sin embargo, el trabajo mayor se realiza en ella. En la otra habitación se hacen proyectos bajo pertinentes consideraciones físicas. Una obra de arquitectura es una fusión, es una superposición de configuraciones elaboradas en cada una de ellas. Las obras muestran ese doble origen y por su imagen, por su parecido, podemos deducir aquellas. Y así, una habitación materialmente construida, bajo el prisma analítico, se abre, se desdobla en unas figuras que podemos relacionar metafórica y literalmente con aquellas dos habitaciones primordiales».[38]

En una lectura platónica, el mundo recogido, plasmado sobre el gabinete, sería aquella sombra proyectada sobre las paredes de la caverna, y la interpretación de la sombra por parte de los habitantes de la caverna sería un proceso de aprendizaje y de interpretación.

La proyección del mundo entero sobre unas paredes fue llevada a cabo literalmente en algunos palacios renacentistas italianos, en los que, a medida que se iban descubriendo y documentando territorios ignotos del planeta, se iban incorporando a las llamadas *Salas del Mappamondo*, que actuaban como verdaderos registros visuales de lo otrora desconocido, a modo de dioramas. El mundo contenido en una habitación, o la habitación como «la traducción del mundo», en palabras del escritor colombiano Juan Gabriel Vásquez, que atribuye la función del novelista y de la ficción como aquella actividad que convierte el mundo, la realidad, en otra cosa para hacerla inteligible. El libro de Vásquez se ilustra con el conocido cuadro de Jan Vermeer *El astrónomo*, de 1668, en el que se representa el acto de aprendizaje mediante una figura que toca un globo terráqueo situado sobre una mesa de trabajo que se encuentra bajo una ventana por la que resbala una luz densa y amarilla. La ventana entra, así, en su función contradictoria entre iluminar y desdibujar, dentro de los elementos congénitos del proceso de trascripción, de la máquina de traducción que es el gabinete. Función protagonista y trasformadora entre mundos de la ventana, de cualquier ventana, en sus infinitas versiones, que sería fácil rastrear en multitud de fotografías de estudios de artistas trabajando bajo la luz. Y que, en su aparición más onírica, representaría simultáneamente, en las ventanas del palacete en el que habitan los protagonistas de la película *El espíritu de la colmena* de Víctor Erice (1973), el alejamiento de la realidad de la madre, envuelta en la luz color miel que entra en la casa y suspende el tiempo, y el proceso de descubrimiento del mundo de sus hijas, filtrado a través del dibujo de colmenillas sobre los paños de vidrio de esas mismas ventanas.

El espacio de trabajo del arquitecto actual en la mayor parte del mundo desarrollado, es decir, el del arquitecto empleado en una firma de escala corporativa, ha sido retratado con fidelidad por la artista visual Amie Siegel en el documental *The Architects*, realizado para el MoMA en 2014. En una asimilación muy explícita entre el estudio de arquitectura y una cadena de montaje digital, la grabación se compone de una serie de largos *travellings* siempre lineales tomados en el interior de las oficinas, retratando una secuencia aparentemente infinita de innumerables trabajadores absortos y en silencio delante de las pantallas de sus ordenadores. La autora equipara el nodo de intercambio digital en que se han trasformado estas oficinas, en las que la mayor parte de la información producida ni siquiera está siendo almacenada en el lugar físico en el que se realiza, con la liquidez en el funcionamiento de los mercados de valores. Con la misma deslocalización con la que los productos diseñados (arquitectura para un mercado globalizado) poseen igualmente destinos ajenos, en ocasiones a miles de kilómetros de donde se piensan y diseñan.[39] La acumulación confusa de los gabinetes victorianos, replicados en la actualidad en los espacios de trabajo de figuras tan dispares como Olafur Eliasson, Sejima & Nishizawa o Tomás Saraceno, se complementa con la asepsia clínica de las oficinas corporativas, donde cualquier rastro de residuo arqueológico del que alimentarse ha quedado definitivamente excluido en aras del funcionamiento ininterrumpido y perfeccionado de una maquinaria a modo de piloto automático.

Así se puede concluir provisionalmente que hoy día el espacio de trabajo del arquitecto ha explotado en la descripción de sus características y se define de acuerdo con la variedad de las diferentes formas de ejercer la profesión que conviven en la actualidad. Un espacio que adopta disfraces y se hace orgánico con el mensaje programático que pretende emitir un determinado estudio o arquitecto. Así, el estudio taller, el estudio creativo, el estudio fábrica, el estudio archivo, el estudio oficina, el estudio Km. 0, el estudio colectivo, el estudio digital, el estudio nómada o el estudio desplazado, entre otros, todos ellos dotados de un pedigrí particular, de formas de producción y relación con el mundo específicas, y de una interdependencia entre gabinete de trabajo, protocolos para ese trabajo y resultado (construido o no), de ese trabajo.[40] El futuro gabinete, en su aceptación más amplia, sus herramientas, formas de actuación y su relación dialéctica con el resto del mundo, forma parte del campo de reflexión del arquitecto contemporáneo y así debe ser considerado.

Jacobo García-Germán.
Profesor Contratado Doctor
de Proyectos Arquitectónicos.
Universidad Politécnica de Madrid.

Este texto recorre algunas de las
técnicas y genealogías asociadas a la
idea de práctica documentalista, con
un trasfondo metodológico vinculado a
los programas de curso impartidos en
el Máster en Proyectos Arquitectónicos
Avanzados (MPAA) de la ETSAM
durante el periodo 2019-2024.

Notas

1. Utilizando el término «paradigma» empleado por Kuhn, *The structure of scientific revolutions*.

2. En torno a la idea de documentalismo ver Ábalos «Andrés Jaque. Una modernidad de hoy». *Arquitectura Viva* #217.

3. En referencia a Eliot, «Tradition and the Individual Talent» en *The Sacred Wood. Essays on Poetry and Criticism*.

4. Guash, *Arte y archivo 1920-2010. Genealogías, tipologías y discontinuidades*, 46-50.

5. Foucault, *La arqueología del saber*, 171.

6. Deleuze, *Foucault,* 28.

7. Yaneva, *Crafting History. Archiving and the quest for architectural legacy*, 194.

8. Breitschmid «El inventario conceptual de Valerio Olgiati» *El Croquis* #156, 21.

9. Didi-Huberman, *Atlas ¿Cómo llevar el mundo a cuestas?*, 187.

10. Richter, *The Daily Practice of Painting. Writings 1962-1993*, 34-35.

11. Lange, *Bernd and Hilla Becher Life and Work*, 52.

12. Hürzeler, *Herzog & de Meuron Natural History*, 201.

13. Olgiati y Breitschmid, *Non-Referential Architecture*, 24.

14. «El funcionalismo respondía a las condiciones singulares de cada problema y de cada contexto con una solución concreta, oponiéndose así a la idea de estructura común que caracterizaba a la noción de tipo». Moneo, *Sobre el concepto de tipo en arquitectura*, 200.

15. Moreno Mansilla y Tuñón, *El Croquis* #106/107, 26.

16. Stuart Mill, *John Stuart Mill and Jeremy Bentham. Utilitarism and other essays,* 126.

17. Dewey *How we Think*, 79.

18. *Ibidem*, 80.

19. Eliasson, *Los modelos son reales*, 10.

20. Es preciso aclarar cómo en inglés, idioma original en el que está escrito

el texto de Eliasson, «model» es un término que al mismo tiempo significa modelo y maqueta física, tridimensional. Si bien aquí se está utilizando «modelo» en el aspecto más conceptual del término, no debe olvidarse la vinculación de este con una lectura objetual y más arquitectónica.

21. Eliasson, *op. cit.*, 10.

22. Para una discusión sobre el concepto de modelo empleado por Eliasson, ver Ballesteros, «Modelos», *Pasajes de arquitectura y crítica* #108.

23. Foucault y Deleuze, *Theatrum Philosophicum seguido de Repetición y diferencia*, 105.

24. Moneo, *op. cit.*, 193.

25. Summerson, *Architecture Culture 1943-1968*, 226.

26. Stadler, *Considering Rem Koolhaas. What is OMA*, 123.

27. Ver como ejemplo de esta característica narrativa y secuencial en *frames* de origen cinematográfico, la explicación del proyecto de 1996 de OMA/Rem Koolhaas para la sede central de Universal Studios en Los Ángeles, titulada «A day in the life», en alusión a la canción de The Beatles. *El Croquis* #131/132, 114.

28. Deleuze, *Foucault,* 25.

29. Bourriaud, *Postproducción*, 14.

30. Obrist, *Ways of curating*, 169.

31. Es posible emparejar la recuperación de lo figurativo en arquitectura a la revisión amplia del periodo posmoderno que se viene ejerciendo durante la última década y media. El auge de la figuración como tema coincide con la revisión de la ciudad consolidada como tema y, en un marco más general, con la propia historia de la disciplina como preocupación. Ver Zaera-Polo, *El Croquis* #187, 253.

32. González de Canales, *The Mannerist Mind. An architecture of crisis.*

33. Ver al respecto Herzog & de Meuron «A big house» en «Neue Nationalgalerie-Museo del SXX» en *Arquitectura Viva* #157-158.

34. Un análisis o catalogación de los espacios de trabajo de los arquitectos daría con facilidad con la conclusión de que en muchas ocasiones han sido «lugares otros» y lugares de acumulación, de acuerdo con la definición de heterotopía descrita por Foucault.

35. Panofsky, *Perspective as Symbolic Form*, 55-56.

36. «(…) El tamaño de las cosas tiene como máximo el tamaño de una mesa, no más, la mesa en las que estás trabajando. Yo nunca he hecho proyectos más grandes que el tamaño de la mesa en la que estaba trabajando». Miralles, *Arquitectos CSCAE*, 58-59.

37. Observación de Navarro Baldeweg, Máster en Proyectos Arquitectónicos Avanzados de la ETSAM, abril 2018.

38. Navarro Baldeweg, «Del silencio a la luz» *Louis I. Kahn. AV Monografías* #44, 4.

39. Entrevista del MoMA con Amie Siegel en https://www.moma.org/magazine/articles/820.

40. En cuanto a la relación entre la definición del espacio de trabajo del arquitecto, sus protocolos y la arquitectura producida, ver Quetglas «Visitas», *El Croquis* #106-107, 16.

Bibliografía citada

Ábalos, Iñaki «Andrés Jaque. Una modernidad de hoy» en *Arquitectura Viva* #217 (Septiembre 2019): 54.

Ballesteros, José Alfonso «Modelos» en *Pasajes de arquitectura y crítica* #10 (Junio 2009): 2.

Bourriaud, Nicolas *Postproducción*. Buenos Aires: Adriana Hidalgo, 2007.

Breitschmid, Markus «El inventario conceptual de Valerio Olgiati 1996-2011» en *El Croquis* #156 (2011): 16-39.

Deleuze, Gilles. *Foucault*, 1986. Barcelona: Paidós Ibérica, 1987.

Dewey, John. *How we Think*. Nueva York: Dover Publications, 1997.

Didi-Huberman, Georges. *Atlas ¿Cómo llevar el mundo a cuestas?* Madrid: MNCARS-TF Editores, 2010.

Eliasson, Olafur. *Los modelos son reales*. Barcelona: Gustavo Gili, 2009.

Eliot, T.S. *The Sacred Wood. Essays on Poetry and Criticism*. Londres: Faber & Faber, 1997.

Fernández-Galiano, Luis. *Pensamiento visual. Críticas y crónicas*. Madrid: Arquitectura Viva, 2023.

Foucault, Michel y Deleuze, Gilles. *Theatrum philosophicum seguido de Repetición y diferencia*. Barcelona: Anagrama, 1985.

Foucault, Michel. *La arqueología del saber*. Madrid: Siglo XXI, 2009.

González de Canales, Francisco. *The Mannerist Mind. An architecture of crisis*. Nueva York/Barcelona: Actar, 2023.

Guasch, Anna Maria. *Arte y archivo 1920-2010. Genealogías, tipologías y discontinuidades*. Madrid: Akal, 2011.

Kuhn, Thomas. *The structure of scientific revolutions*. Chicago: The University of Chicago Press, 1962.

Lange, Susan. *Bernd and Hilla Becher Life and Work*. Munich: Schirmer/Mosel Verlag GmbH, 2005.

Miralles, Enric «Acceder» en *Arquitectos CSCAE* #132 (1994): 58-59.

Moreno Mansilla, Luis y Tuñón, Emilio «Arranque y oscilación. Sobre embudos y duchas» en *El Croquis* #106/107 (2001): 26-27.

Monod, Jacques. *El azar y la necesidad*. Barcelona: Tusquets, 1993.

Navarro Baldeweg, Juan. *Una caja de resonancia*. Valencia: Pretextos, 2007.

Obrist, Hans Ulrich. *Ways of curating*. Londres: Penguin Books, 2015.

Ockman, Joan (Ed.) *Architecture Culture 1943-1968*. Nueva York: Rizzoli, 1993.

Olgiati, Valerio y Breitschmid, Markus. *Non-Referential Architecture*. Zurich: Park Books, 2019.

Panofsky, Erwin. *Perspective as Symbolic Form*. Nueva York: Zone Books, 1997.

Quetglas, Josep «Visitas» en *El Croquis* #106-107 (2001): 16-25.

Richter, Gerhard. *The Daily Practice of Painting. Writings 1962-1993*. Cambridge: The MIT Press, 1995.

Ryan, Alan (Ed.). *John Stuart Mill and Jeremy Bentham. Utilitarism and other essays*. Londres: Penguin Classics, 2004.

Siegel, Amie. Entrevista en https://www.moma.org/magazine/articles/820 (dic. 2022).

Smithson, Alison & Peter. *The Shift*. Londres: Academy Editions, 1982.

Ursprung, Philip (Ed.). *Herzog & de Meuron Natural History*. Montreal: Lars Müller Publishers/CCA, 2002.

Yaneva, Albena. *Crafting History. Archiving and the quest for architectural legacy*. Nueva York: Cornell University Press, 2020.

Zaera-Polo, Alejandro «Ya bien entrado el siglo XXI: ¿las arquitecturas del post-capitalismo?» en *El Croquis* #187 (2016): 252-287.

VV.AA. *Sobre el concepto de tipo en arquitectura*. Madrid: Servicio de Publicaciones ETSAM, 1982.

V.V.A.A. *Considering Rem Koolhaas. What is OMA*. Rotterdam: NAi Publishers, 2003.

Agradecimientos

Quiero expresar mi agradecimiento a
Andrés Cánovas, director del Departamento
de Proyectos Arquitectónicos de la ETSAM
y a Silvia Colmenares, directora de esta
colección. También a Federico Soriano,
Pedro Urzaiz y Juan Herreros, profesores
compañeros de docencia en el MPAA con
quienes el contenido de este libro ha sido
debatido y contrastado.

Colección Ensayos Críticos

Directora de la colección
Silvia Colmenares

Edita
DPA ETSAM en colaboración con
Ediciones Asimétricas

Ensayos Críticos 04
Prácticas dodumentalistas.
Técnicas y genealogías

Diseño
gráfica futura

Impresión
Estilo Estugraf Impresores

ISBN
978-84-10065-33-8

Depósito legal
M-15013-2024

Impreso en España / Printed in Spain